청소년 공동체 바로 세우기

청소년 공동체 바로 세우기2 복음의 기초 다지기[학생용 교재]

초판 1쇄 발행 | 2014. 11. 30
초판 5쇄 인쇄 | 2022.11. 5
지은이 | 정신일
연구위원 | 천준호 목사(수원화평교회)
송지헌 목사(함께하는교회)
석인욱 목사(남양주 우리교회)
펴낸 이 | 정신일
펴낸 곳 | 크리스천리더
편 집 | 성주희
교 정 | 이지선
일부 총판 | 생명의 말씀사 (02) 3159-7979
등 록 | 제 2-2727호(1999. 9.30)
주 소 | 부천시 원미구 중동 1289번지 팰리스카운티 아이파크상가 3층
전 화 | (032) 342-1979
팩 스 | (032) 343-3567
도서 출간 상담 | E-mail:chmbit@hanmail.net
Homepage | www.cjesus.co.kr

ISBN : 978-89-6594-345-7 04230
ISBN : 978-89-6594-123-1 (세트)

정가 : 3,500원

Teen G3 0단계 시리즈 2

The Great God's Grace

청소년 공동체 바로 세우기

학생용 교재

정신일 목사

복음의 기초 다지기 Start!

CLS 크리스천리더

[추천사]

현재 이 시대에 가장 시급한 과제가 있다면 다음 세대(next generation)에게 하나님의 말씀을 심는 일입니다. 무엇보다 성경에 기초한 기독교 교리를 청소년 시기에 심는 일은 매우 중요한 과제입니다. 누구나 알고 있는 이 분명한 방향 앞에 말씀을 체계적으로 그리고 쉽고 재미있게 심어주는 일은 결코 쉽지 않습니다.

그런 의미에서 성경을 바탕으로 기독교 교리를 쉽게 가르칠 수 있도록 계발한 이 책은 매우 유용할 것으로 확신합니다. 또한 현장에서 섬기는 청소년 사역자들의 생생한 가르침이 녹아들어 청소년들을 세워나가는 일에 큰 도움이 될 것입니다. 지금 바로 사역의 현장에서 활용할 수 있는 이 책을 모든 청소년 사역자들과 교회학교 중고등부 교사들에게 기꺼이 추천합니다.

– 황성건 목사 (사/청소년선교횃불 대표, 제자로교회 담임, 국제코스타 강사)

[저자서문]

한번은 길을 걷고 있는데 고등학생으로 보이는 한 학생이 머뭇거리다가 제게 다가오더니 만원짜리 한장을 건내며, "아저씨, 죄송한데 담배 한 갑만 부탁드릴게요." 라고 하는 겁니다. 저는 너무 황당해서 "내가 너희 부모님께 전화해서 허락하시면 사줄게."라고 대답했습니다. 그랬더니 그 학생은 나름 눈치를 채고 "죄송합니다."하며 가더라고요. 그 학생이 사라진 후 저는 화가 나기보다 짠한 마음과 아쉬운 마음이 묘하게 교차했습니다. 분명 요즘 시대의 청소년들은 기성 시대 때와는 판이하게 다르지만 그때나 지금이나 여전한 것은 학생들이 대학 진학에 목을 메고 있다는 것입니다.

때로는 이들이 대안도 없어 보이고, 겉듣는 것 같고, 아무리 권면하며 가르쳐도 가슴에 새기지 않는 굳어진 강철 심장을 가진 것 같습니다. 그래서 자주 절망하고 포기하고 싶은 마음이 들기도 합니다. 이들의 얼어붙은 가슴을 어떻게 녹일 수 있을까? 너무나도 당연한 이야기이지만, 오직 하나님의 말씀 밖엔 없습니다.

이 교재는 청소년을 위한 Teen G3 0단계로, 13~18세를 위한 성경공부 교재입니다. 이 교재가 지향하는 것은 지식교육이 아닙니다. 하나님을 향한 믿음과 사상으로 무장시키는 교육입니다. 절대로 논리적이고 과학적이며 합리적인 판단을 요구하는 가르침이 아닙니다. 습관을 위한 교육이며 '왜?', '어떻게?'에 대한 답을 제시하려 나름대로 몸부림친 결과입니다. '왜 예수를 믿어야 하는가?', '예수 믿는 자로 어떻게 살아야하는가?'에 대한 답을 찾는 과정이라 생각하시면 될 것 같습니다.

G3 시스템은 제 목회의 종합적인 커리큘럼이기도합니다.
G3는 (The Great God's Grace)의 약자로 "위대한 하나님의 은혜"라는 뜻인데 모든 배움의 모토가 오직 하나님의 은혜 안에 있음을 고백합니다.
모든 책에 저자의 의도가 있듯이 Teen G3 0단계 시리즈에서는 **오직 예수, 오직 복음, 오직 하나님의 은혜**만 드러내고 싶은 의도가 담겨 있습니다.

이 땅의 모든 청소년들이 주님 품으로~ 저자 기쁨의 교회 **정신일** 목사

[청소년 성경공부의 특징]

첫째, 가장 복음적인 메시지로 꾸몄다.

성경공부를 한다는 것은 너무나도 광범위하고 다양하기 때문에 어느 곳에 초점을 맞추는가가 중요하다. 이 교재는 G3 0단계 순환 성경공부 시리즈 구속사적인 관점에서 복음이 우리에게 어떤 영향을 주고, 어떤 결과를 가져오는지에 초점을 맞추었다. 당연히 복음의 주체이신 예수님 중심의 신앙생활을 할 수 있도록 집중하여 집필하였다.

둘째, 주제가 분명하고 명료하다.

매 과마다 전혀 새로운 주제로 넘어가기보다 간단하면서도 반복적인 것이 이 교재의 특징이다. 또한 모든 과에서 예수 그리스도의 복음과 구원의 확신이 흐르도록 기획하였다.

셋째, 모든 내용은 말씀의 근거로 기획되어있다.

신앙생활에 가장 중요한 것은 말씀의 근거이다. 이 교재는 어떤 질문과 답에 대하여 반드시 성경말씀을 근거로 하였고, 그 말씀의 구절을 기록하였다.

넷째, 바이블 스토리텔링을 통해 성경의 주요내용을 쉽게 전달하였다.

오랫동안 기억에 남는 것은 결국 스토리이다. 지식적이거나 교리적인 접근을 피하여 성경적 지식 전수보다 성경을 이해하는데 초점을 두었다. 또한 우리가 신앙인으로 실천해야 할 분명한 이유를 성경적으로 제시하였다.

다섯째, 생각하고 토론하고 실천하는데 집중하였다.

성경은 늘 우리에게 실천의 문제를 던져주고 있다. 충분히 생각하고 묵상하고 이해 해야 한다. 또한 자연스러운 토론과 실천의 과정을 갖게하여 생활 속의 믿음으로 성장시키는데 초점을 맞추었다.

이 교재는 기본 4권으로 기획하였습니다.
1, 2권이 교리중심이라면 3, 4권은 실천중심의 내용입니다.

1권 Teen 믿음생활 시작하기 Start! (믿음의 기초 이해하기),
2권 Teen 복음의 기초 다지기 Start! (죄와 구원),
3권 Teen 믿음의 습관 길들이기 Start! (다양한 관계 속에서 믿음생활),
4권 Teen 믿음의 인물 탐구 Start! (믿음생활을 배우고 삶 속에 적용하는 과정)

총 4권 48과로 1년동안 배울 수 있도록 기획하였습니다.
부족하지만 기도와 정성으로 집필한 만큼 많은 사랑과 기대 부탁드립니다.

교재의 구성과 사용법

제목, 공과목표
매 과의 공과목표와 [바이블 스토리] 목표를 볼 수 있도록 기록하였다.

마음열기
매 과의 주제와 그에 맞는 삽화가 수록되어 있다. 생각해 볼 수 있는 간단한 질문을 통해 서로 이야기를 나누며 좋은 분위기를 만들어 본다. 한 두마디라도 서로의 생각을 나누는 것이 중요하다.

말씀살피기
매 과마다 주제 말씀이 기록되어 있고 말씀을 근거로 질문에 답을 하도록 구성하였다. 문제에 대한 답을 기록하지만, 정답을 맞추는 것이 중요한 게 아니라 그 문제가 의도한 것을 잘 이해하는 것이 중요하다. 성경이 말하는 생각의 틀을 바꾸는 것이 중요한 것이다.

바이블 스토리텔링
본문 주제와 맞는 성경이야기가 담겨져 있다.
인도자의 이야기를 귀기울여 듣고 답을 기록한다.

확인하기
스토리텔링 성경이야기를 제대로 이해했는지 확인하는 란이다. 성경이야기를 듣고 간단한 질문에 충분히 답할 수 있도록 꾸며졌다.

나누고 실천하기
한 과를 마무리하면서 이야기를 나누고 실천해야 할 사항들을 확인하고 서로 토론하는 부분이다.

다짐의 기도
한 과를 마치기 전, 알게 된 내용을 기록하고 실천할 사항을 기도형식으로 기록하여 마음 속에 새긴다.

Contents

Lesson1 | 인간

1. 내가 할 수 없는 것

[공과 목표]

1. 우리 인생의 한계를 인식하고 문제해결의 근원이신 하나님에 대한 믿음을 갖게 한다.
2. 죽음에서 부활하시고 승리하신 예수님의 이야기를 통해 예수님의 초월적 권능을 깨닫고 예수님의 부활은 큰 승리의 사건임을 알게 한다.

마음열기

그림 중에서 내가 할 수 있다고 생각하는 것에 동그라미를 쳐봅시다. 그리고 왜 그렇게 생각하는지 서로 이야기해 봅시다.

죽음, 영생
(　　　)

재난 사고
(　　　)

죄 문제 해결
(　　　)

계절, 자연, 우주 주관
(　　　)

말씀 살피기

주제 말씀 |
모든 사람이 죄를 범하였으매 하나님의 영광에 이르지 못하더니 그리스도 예수 안에 있는 속량으로 말미암아 하나님의 은혜로 값 없이 의롭다 하심을 얻은 자 되었느니라(로마서 3:23~24)

★ **주제말씀**을 깊이 묵상하고 아래 질문에 답을 해봅시다.

1. 내가 해결할 수 없는 것에는 무엇이 있을까요?

첫째, (　　　　)의 문제입니다.

로마서 3:23 | 모든 사람이 죄를 범하였으매 하나님의 영광에 이르지 못하더니 그리스도 예수 안에 있는 속량으로 말미암아 하나님의 은혜로 값 없이 의롭다 하심을 얻은 자 되었느니라

둘째, (　　　　)의 문제입니다.

잠언 27:1 | 너는 내일 일을 자랑하지 말라 하루 동안에 무슨 일이 일어날는지 네가 알 수 없음이니라

셋째, (　　　　)의 문제입니다.

전도서 3:11 | 하나님이 모든 것을 지으시되 때를 따라 아름답게 하셨고 또 사람들에게는 영원을 사모하는 마음을 주셨느니라 그러나 하나님이 하시는 일의 시종을 사람으로 측량할 수 없게 하셨도다

2. 예수님은 우리가 해결할 수 없는 것들 중 무엇을 해결해 주셨나요?

요한복음 3:16 | 하나님이 세상을 이처럼 사랑하사 독생자를 주셨으니 이는 그를 믿는 자마다 멸망하지 않고 영생을 얻게 하려 하심이라

요한복음 14:6 | 예수께서 이르시되 내가 곧 길이요 진리요 생명이니 나로 말미암지 않고는 아버지께로 올 자가 없느니라

바이블 스토리텔링

본문 말씀 : 요한복음 11장 25-26절

확인하기

1. 아래의 그림을 이야기 순서대로 나열해 보고 어떤 장면인지 간략히 기록해봅시다.

장면1 :

장면2 :

장면3 :

2. 누가 무덤을 찾아간 여인들에게 나타나 부활의 소식을 알렸나요?

3. 예수님의 부활을 믿지못했던 제자는 누구입니까?

나누고 실천하기

1. 나 자신도 나에 대해서 잘 모르는 것이 많습니다. 자신에 대해 모르는 것들을 이야기해 봅시다.

2. 내가 해결할 수 없는 근원적인 것을 해결받기위해, 우리는 어떤 노력을 기울여야 할까요?

3. 이번 주에 꼭 할 일

   내가 실천할 수 있으며 또한 하나님께서 기뻐하시는 일을 찾아 실천해본다.

Lesson2 | 죄 문제1

2. 원죄란 무엇인가요?

[공과 목표]

1. 아담과 하와로 비롯된 근본적인 죄, 원죄를 이해하게 한다.
2. 인간 근본적인 죄가 하나님께 대한 불순종이 원인이었음을 요나이야기를 통해 이해시킨다.

마음열기

이 그림이 어떤 내용인지 이야기해 볼까요?
또한 선악과 하나 먹었을 뿐인데 죄인이라니, 너무하신 것 아닌가요?

말씀 살피기

주제 말씀 |
여호와 하나님이 그 사람에게 명하여 이르시되 동산 각종 나무의 열매는 네가 임의로 먹되 선악을 알게 하는 나무의 열매는 먹지 말라 네가 먹는 날에는 반드시 죽으리라 하시니라(창세기 2:16~17)

★ **주제말씀**을 깊이 묵상하고 아래 질문에 답을 해봅시다.

1. 아담과 하와의 사건을 통해 볼 때 죄란 무엇인가요?

창세기 3:5~6 | 너희가 그것을 먹는 날에는 너희 눈이 밝아져 하나님과 같이 되어 선악을 알 줄 하나님이 아심이니라 여자가 그 나무를 본즉 먹음직도 하고 보암직도 하고 지혜롭게 할 만큼 탐스럽기도 한 나무인지라 여자가 그 열매를 따 먹고 자기와 함께 있는 남편에게도 주매 그도 먹은지라

2. 아담과 하와가 죄를 짓게 된 이유는 무엇인가요?

창세기 2:16~17 | 여호와 하나님이 그 사람에게 명하여 이르시되 동산 각종 나무의 열매는 네가 임의로 먹되 선악을 알게 하는 나무의 열매는 먹지 말라 네가 먹는 날에는 반드시 죽으리라 하시니라

3. 아담과 하와가 지은 죄의 실체는 무엇인가요?

로마서 5:19 | 한 사람이 순종하지 아니함으로 많은 사람이 죄인 된 것같이 한 사람이 순종하심으로 많은 사람이 의인이 되리라

야고보서 4:17 | 그러므로 사람이 선을 행할 줄 알고도 행하지 아니하면 죄니라

바이블 스토리텔링

본문 말씀 : 요나 2장 1-10절

확인하기

1. 아래의 그림을 이야기 순서대로 나열해 보세요.

2. 요나는 왜 니느웨로 가지 않고 다시스로 갔나요?

3. 요나가 니느웨 성을 돌며 회개와 심판을 외쳤을 때 니느웨 백성들은 어떻게 했나요?

나누고 실천하기

1. 만일 내가 하와였다면 뱀의 유혹에 어떻게 대처했을지 이야기해 보아요.

2. 지금 나에게 버려야 할 죄의 습관이나 떠나야 할 죄의 자리가 있다면 이야기를 나눠보고 이를 위해 어떤 노력을 할 것인지 결심을 써보아요.

3. 이번 주에 꼭 할 일

   요나서 꼭 읽어보기

Lesson3 | 죄 문제2

3. 아담의 죄가 왜 우리의 죄가 되었나요?

[공과 목표]

1. 첫 사람인 아담과 우리가 어떤 관계인지 또한 아담의 죄가 왜 우리의 죄가 되었는지 이해시킨다.
2. 노아의 방주사건을 통해 하나님은 악을 반드시 심판하시는 공의의 하나님이심을 알게 한다.

마음열기

억울한 일을 당한적 있다면 이야기를 나눠봅시다.
왜 아남이 지은 쇠가 우리와 관련이 있나요?

말씀 살피기

주제 말씀 |
그러므로 한 사람으로 말미암아 죄가 세상에 들어오고 죄로 말미암아 사망이 들어왔나니 이와 같이 모든 사람이 죄를 지었으므로 사망이 모든 사람에게 이르렀느니라(로마서 5:12)

★ **주제말씀**을 깊이 묵상하고 아래 질문에 답을 해봅시다.

1. 아담과 우리는 어떤 관계인가요?

사도행전 17:26 | 인류의 모든 족속을 한 혈통으로 만드사 온 땅에 살게 하시고 그들의 연대를 정하시며 거주의 경계를 한정하셨으니

2. 아담이 죄를 지었는데 왜 우리까지 죄인이 되는 건가요?

로마서 5:12 | 그러므로 한 사람으로 말미암아 죄가 세상에 들어오고 죄로 말미암아 사망이 들어왔나니 이와 같이 모든 사람이 죄를 지었으므로 사망이 모든 사람에게 이르렀느니라

로마서 5:18~19 | 그런즉 한 범죄로 많은 사람이 정죄에 이른 것같이 한 의로운 행위로 말미암아 많은 사람이 의롭다 하심을 받아 생명에 이르렀느니라 한 사람이 순종하지 아니함으로 많은 사람이 죄인 된 것 같이 한 사람이 순종하심으로 많은사람이 의인이 되리라

3. 죄를 지은 인간은 어떤 결과를 초래했나요?

창세기 3:17 | 아담에게 이르시되 네가 네 아내의 말을 듣고 내가 네게 먹지 말라 한 나무의 열매를 먹었은즉 땅은 너로 말미암아 저주를 받고 너는 네 평생에 수고하여야 그 소산을 먹으리라

로마서 3:23 | 모든 사람이 죄를 범하였으매 하나님의 영광에 이르지 못하더니

바이블 스토리텔링

본문 말씀 : 창세기 6장 12-22절

확인하기

1. 아래의 그림을 이야기 순서대로 나열해 보세요.

2. 하나님께서 의인인 노아에게 무엇을 명령하셨나요?

3. 노아는 사람들로부터 놀림과 비웃음을 당했을 때 어떻게 했나요?

나누고 실천하기

1. 첫 사람인 아담의 죄가 자신에게까지 전달되었다는 사실을 자신의 말로 옆 친구에게 설명해 봅시다.

2. 인간이 악하다는 사실을 보거나 듣고 또는 느낀 적이 있다면 이야기해 봅시다.
(예: 주변에 일어난 사건이나 인터넷, TV 등에 등장하는 뉴스와 사건사고 등)

3. 이번 주에 꼭 할 일

잠자기 전에 그날 마음 속에 떠올랐던 나쁜 생각들 적어보고 회개하기

*다짐의 기도

Lesson4 | 죄 문제3

4. 죄로인해 우리는 어떻게 변질되었나요?

[공과 목표]

1. 죄로 인해 우리 인간이 어떤 결과를 얻게 되었는지, 또한 하나님과의 관계는 어떻게 변질되었는지 알게 한다.
2. 삭개오 이야기를 통해 회개의 의미를 알게 한다.

마음열기

나는 앞으로 몇 년을 더 살 것 같나요?
인간에게는 왜 죽음이 왔을까요?

주제 말씀 |
모든 사람이 죄를 범하였으매 하나님의 영광에 이르지 못하더니(로마서 3:23)

★ **주제말씀**을 깊이 묵상하고 아래 질문에 답을 해봅시다.

1. 아담의 죄로 인해 우리와 하나님과의 관계는 어떻게 변질되었나요?

로마서 3:23 | 모든 사람이 죄를 범하였으매 하나님의 영광에 이르지 못하더니

로마서 1:21~23 | 하나님을 알되 하나님을 영화롭게도 아니하며 감사하지도 아니하고 오히려 그 생각이 허망하여지며 미련한 마음이 어두워졌나니 스스로 지혜 있다 하나 어리석게 되어 썩어지지 아니하는 하나님의 영광을 썩어질 사람과 새와 짐승과 기어다니는 동물 모양의 우상으로 바꾸었느니라

2. 죄의 결과는 무엇인가요?

로마서 6:23 | 죄의 삯은 사망이요 하나님의 은사는 그리스도 예수 우리 주 안에 있는 영생이니라

히브리서 9:27 | 한 번 죽는 것은 사람에게 정해진 것이요 그 후에는 심판이 있으리니

바이블 스토리텔링

본문 말씀 : 누가복음 19장 1-10절

확인하기

1. 아래의 그림을 이야기 순서대로 나열해 보세요.

2. 삭개오는 어떤 사람이었나요?

3. 삭개오는 예수님을 만난 뒤 어떻게 변화되었나요?

나누고 실천하기

1. 장례식장에 가본 적이 있나요? 분위기는 어떤가요? 어떤 느낌을 받았나요?

2. 자신이 지은 죄로 인해 고통을 겪어본 적이 있다면 이야기해 보아요.

3. 이번 주에 꼭 할 일

   내가 저지르고 있는 반복적인 죄들을 적어보고

   그중 하나를 선택하여 다시 반복하지 않도록 결단하기

Lesson5 | 회개

5. 예수님, 회개합니다

[공과 목표]

1. 인간의 죄로 어떤 형벌을 받게 되었고 죄된 세상에서 현재 어떻게 살아가고 있는지 알게 한다.
2. 바나바 이야기를 통해 예수님을 믿고 거듭난 자는 어떻게 행동해야 하는지 알게 한다.

마음열기

법에 의해 처벌받는 죄를 적어보고
내가 쉽게 유혹받는 죄가 있다면 적어본 후
이야기를 나눠봅시다.

말씀 살피기

주제 말씀 |
베드로가 이르되 너희가 회개하여 각각 예수 그리스도의 이름으로 세례를 받고 죄 사함을 받으라 그리하면 성령의 선물을 받으리니 이 약속은 너희와 너희 자녀와 모든 먼 데 사람 곧 주 우리 하나님이 얼마든지 부르시는 자들에게 하신 것이라 하고(행 2:37~38)

★ **주제말씀**을 깊이 묵상하고 아래 질문에 답을 해봅시다.
또한 괄호 안의 단어를 성경에서 찾아 기록해 봅시다.

1. 성경은 우리를 어떤 사람이라고 말하고 있나요?

로마서 5:12 | 그러므로 한 사람으로 말미암아 (　　)가 세상에 들어오고 (　　)로 말미암아 사망이 들어왔나니 이와 같이 모든 사람이 (　　)를 지었으므로 (　　)이 모든 사람에게 이르렀느니라

2. 어떻게 해야 우리가 죄 사함을 받을 수 있나요?

이사야 1:18 | 여호와께서 말씀하시되 오라 우리가 서로 변론하자 너희의 죄가 주홍 같을지라도 눈과 같이 희어질 것이요 진홍 같이 붉을지라도 양털 같이 희게 되리라

사도행전 2:37 | 베드로가 이르되 너희가 회개하여 각각 예수 그리스도의 이름으로 세례를 받고 죄 사함을 받으라 그리하면 성령의 선물을 받으리니

바이블 스토리텔링

본문 말씀 : 사도행전 11장 19-24절

확인하기

1. 아래의 그림을 이야기 순서대로 나열해 보고 어떤 장면인지 간략히 기록해봅시다.

2. 바나바는 어떤 사람이었나요?

3. 바나바가 안디옥에서 전한 말씀은 무엇인가요?

나누고 실천하기

1. ‘모든 사람이 죄인이다’ 라는 말에 거부감을 느낀 적은 없는지 생각해 보고, 그 이유에 대해 이야기해 보아요.

2. 최근 자신의 마음 속에서 하나님의 뜻과 자신의 생각이 충돌하여 갈등했던 적이 있다면 이야기해 보아요.

3. 이번 주에 꼭 할 일

   하나님께 진심으로 회개기도 드리기

*다짐의 기도

Lesson6 | 예수님1

6. 예수님을 소개합니다

[공과 목표]

1. 성자 예수님이 어떤 분이신지 알게 한다.
2. 동정녀 마리아를 통해 이 땅에 오신 예수님의 탄생을 이야기하고 그 탄생의 예언의 성취와 탄생하심의 신비에 대해 설명한다.

마음열기

좋아하는 이성친구가 있나요? 처음 만났을때 주로 어떤 것을 묻게 되나요? 적어봅시다.
또한 예수님에 대해 알고 싶은 것들도 함께 적어봅시다.

말씀 살피기

주제 말씀 |
시몬 베드로가 대답하여 이르되 주는 그리스도시요 살아 계신 하나님의 아들이시니이다(마태복음 16:16)

★ **주제말씀**을 깊이 묵상하고 아래 질문에 답을 해봅시다.
또한 괄호 안의 단어를 성경에서 찾아 기록해 봅시다.

1. 예수 그리스도라는 이름의 뜻은 무엇입니까? 아래 괄호를 채워보세요.

예수 이름은 (　　　　　　　　　　　)라는 뜻을 가지고 있고,
그리스도는 (　　　　　　　　)라는 뜻입니다.

마태복음 1:16 | 야곱은 마리아의 남편 요셉을 낳았으니 마리아에게서 그리스도라 칭하는 예수가 나시니라

마태복음 16:16 | 시몬 베드로가 대답하여 이르되 주는 그리스도시요 살아 계신 하나님의 아들이시니이다

2. 예수님은 누구십니까? 아래 괄호를 채워보세요.

첫째, 예수님은 하나님의 (　　　)이십니다.
요한복음 20:31 | 오직 이것을 기록함은 너희로 예수께서 하나님의 아들 그리스도이심을 믿게 하려 함이요 또 너희로 믿고 그 이름을 힘입어 생명을 얻게 하려 함이니라

둘째, 하늘과 땅의 모든 (　　　)를 가지신 분이십니다.
마태복음 28:18 | 예수께서 나아와 말씀하여 이르시되 하늘과 땅의 모든 권세를 내게 주셨으니

셋째, 하나님의 (　　　)이시고 사람의 (　　　)을 입고 이 땅에 오셨습니다.
빌립보서 2:6~11 | 그는 근본 하나님의 본체시나 하나님과 동등됨을 취할 것으로 여기지 아니하시고 오히려 자기를 비워 종의 형체를 가지사 사람들과 같이 되셨고 사람의 모양으로 나타나사 자기를 낮추시고 죽기까지 복종하셨으니 곧 십자가에 죽으심이라 이러므로 하나님이 그를 지극히 높여 모든 이름 위에 뛰어난 이름을 주사 하늘에 있는 자들과 땅에 있는 자들과 땅 아래에 있는 자들로 모든 무릎을 예수의 이름에 꿇게 하시고 모든 입으로 예수 그리스도를 주라 시인하여 하나님 아버지께 영광을 돌리게 하셨느니라

바이블 스토리텔링

본문 말씀 : 누가복음 5장 26-33절

확인하기

1. 아래의 그림은 어떤 내용인지 기록해 봅시다.

2. 하나님은 누구를 보내어 마리아에게 말씀하셨습니까?(누가복음1:26)

3. 처녀가 잉태한 아들의 이름은 무엇입니까?(누가복음1:31)

나누고 실천하기

1. 나에 대해 소개를 해봅시다. 그리고 내가 알고 있는 예수님에 대해 서로 이야기를 나눠봅시다.

2. 예수님을 어떻게 알아가기 원하는지 이야기를 나눠봅시다.

3. 이번 주에 꼭 할 일

   다음주까지 인터넷을 통해 예수님의 대하여 조사한 후 발표하기

*다짐의기도

Lesson7 | 예수님2

7. 예수님은 왜 이 땅에 오셨나요?

[공과 목표]

1. 예수님께서 왜 이 땅에 오셨는지, 우리를 위해 어떤 일을 하셨는지 알게 한다.
2. 예수님에 대한 베드로의 고백을 통해 예수님은 참 하나님이시고 참 인간이시라는 사실을 알게 한다.

마음열기

왜 빈곤은 계속될까요? 왜 전쟁은 계속될까요? 왜 잘 사는 사람만 잘 사는 걸까요? 불공평해 보이는 세상에서 예수님은 어떤 의미가 있나요?

말씀 살피기

주제 말씀 |
하나님이 세상을 이처럼 사랑하사 독생자를 주셨으니 이는 그를 믿는 자마다 멸망하지 않고 영생을 얻게 하려 하심이라(요한복음 3:16)

★ **주제말씀**을 깊이 묵상하고 아래 질문에 답을 해봅시다.
또한 괄호 안의 단어를 성경에서 찾아 기록해 봅시다.

1. 예수님께서 이 땅에 오신 이유는 무엇입니까?

누가복음 5:32 | 내가 (　　　)을 부르러 온 것이 아니요 (　　　)을 불러 회개시키러 왔노라

마태복음 20:28 | 인자가 온 것은 섬김을 받으려 함이 아니라 도리어 섬기려 하고 자기 목숨을 많은 사람의 대속물로 주려 함이니라

요한복음 3:16 | 하나님이 세상을 이처럼 사랑하사 독생자를 주셨으니 이는 그를 믿는 자마다 멸망하지 않고 영생을 얻게 하려 하심이라

로마서 10:19 | 네가 만일 네 입으로 예수를 주로 시인하며 또 하나님께서 그를 죽은 자 가운데서 살리신 것을 네 마음에 믿으면 구원을 받으리라

2. 예수님은 우리에게 (　　　)의 소망을 주시기 위해 오셨습니다.

요한복음 11:23~27 | 예수께서 이르시되 네 오라비가 다시 살아나리라 마르다가 이르되 마지막 날 부활 때에는 다시 살아날 줄을 내가 아나이다예수께서 이르시되 나는 (　　　)이요 (　　　)이니 나를 믿는 자는 죽어도 살겠고 무릇 살아서 나를 믿는 자는 영원히 죽지 아니하리니 이것을 네가 믿느냐 이르되 주여 그러하외다 주는 그리스도시요 세상에 오시는하나님의 아들이신 줄 내가 믿나이다

바이블 스토리텔링

본문 말씀 : 마태복음 16장 13-20절

확인하기

1. 아래의 그림을 이야기 순서대로 나열해 보고 어떤 장면인지 간략히 기록해 봅시다.

장면1 :

장면2 :

장면3 :

2. 사람들은 예수님을 어떻게 평가했습니까?(마태복음 16:14)

3. 베드로는 예수님을 어떻게 불렀습니까?(마태복음 16:16)

나누고 실천하기

1. 이 시대에 예수님께서 오셨다면 어떤 가르침을 주시고 또 어떻게 행동 하셨을까요? 서로 이야기를 나누어봅시다.

2. 나는 예수님을 통한 구원의 확신이 있습니까?

3. 이번 주에 꼭 할 일

요한복음 1장 1~17절을 적어보며 말씀 묵상하기

*다짐의기도

Lesson8 | 예수님3

8. 예수님의 핵심 다섯가지

[공과 목표]

1. 예수님의 중요한 사건 다섯 가지를 알게 한다. (탄생, 십자가 사건, 부활, 승천, 재림)
2. 예수님이 제자들의 발을 씻기신 사건을 통해 섬김의 도를 보여주기 위해 오신 예수님의 마음을 이해하고 서로 섬김을 실천하도록 교육한다.

마음열기

'주의 이름 높이며'라는 찬양을 알고 있나요?

말씀 살피기

★ 괄호 안에 답을 기록해보세요.

예수님의 다섯 가지 중요한 사건을 살펴봅시다.

1. 첫번째 핵심 : 예수님의 (　　　　　　)

마태복음 1:23 | 보라 처녀가 잉태하여 아들을 낳을 것이요 그의 이름은 (임마누엘)이라 하리라 하셨으니 이를 번역한 즉 (하나님이 우리와 함께 계시다) 함이라

2. 두번째 핵심 : (　　　　　　) 에 죽으심

로마서 3:25~26 | 이 예수를 하나님이 그의 피로써 믿음으로 말미암는 화목제물로 세우셨으니 이는 하나님께서 길이 참으시는 중에 전에 지은 죄를 간과하심으로 자기의 의로우심을 나타내려 하심이니 곧 이때에 자기의 의로우심을 나타내사 자기도 의로우시며 또한 예수 믿는 자를 의롭다 하려 하심이라

3. 세번째 핵심: 예수님의 (　　　　) 하심

로마서 1:3~4 | 그의 아들에 관하여 말하면 육신으로는 다윗의 혈통에서 나셨고 성결의 영으로는 죽은 자들 가운데서 부활하사 능력으로 하나님의 아들로 선포되셨으니 곧 우리 주 예수 그리스도시니라

4. 네번째 핵심: 예수님의 (　　　　　　)

사도행전 1:8~9 | 오직 성령이 너희에게 임하시면 너희가 권능을 받고 예루살렘과 온 유대와 사마리아와 땅 끝까지 이르러 내 증인이 되리라 하시니라 이 말씀을 마치시고 그들이 보는데 올려져 가시니 구름이 그를 가리어 보이지 않게 하더라

5. 다섯번째 핵심: 예수님의 (　　　　　　)

사도행전 1:10~11 | 올라가실 때에 제자들이 자세히 하늘을 쳐다보고 있는데 흰 옷 입은 두 사람이 그들 곁에 서서 이르되 갈릴리 사람들아 어찌하여 서서 하늘을 쳐다보느냐 너희 가운데서 하늘로 올려지신 이 예수는 하늘로 가심을 본 그대로 오시리라 하였느니라

바이블 스토리텔링

본문 말씀 : 요한복음 13장 1-17절

확인하기

1. 아래의 그림을 이야기 순서대로 나열해 보세요.

2. 유월절 전날 밤 예수님은 제자들과 무엇을 하셨나요?

3. 예수님께서 제자들의 발을 씻어주신 이유는 무엇인가요?

나누고 실천하기

1. 왜 시한부 종말론같은 극단적인 신앙인이 생겨났을까요? 이는 예수님의 재림과 어떤 관련이 있을까요?

2. '주의 이름 높이며' 라는 찬양을 함께 불러봅시다.

3. 이번 주에 꼭 할 일
   예수님께 감사의 편지 쓰기

Lesson9 | 예수님4

9. 예수님의 능력

[공과 목표]

1. 예수님의 3중직과 예수님이 행하신 능력에 대해 성경기록을 바탕으로 설명한다.
2. 예수님은 마음까지도 바꿔주시는 분이심을 알며 섬기고 사랑하는 근본의 가르침을 알고 실천하게 한다.

마음열기

교회에서 내가 맡은 직책이 있습니까? 잘 감당하고 있습니까? 예수님도 세 가지 사역의 직책이 있었습니다. 무엇입니까?

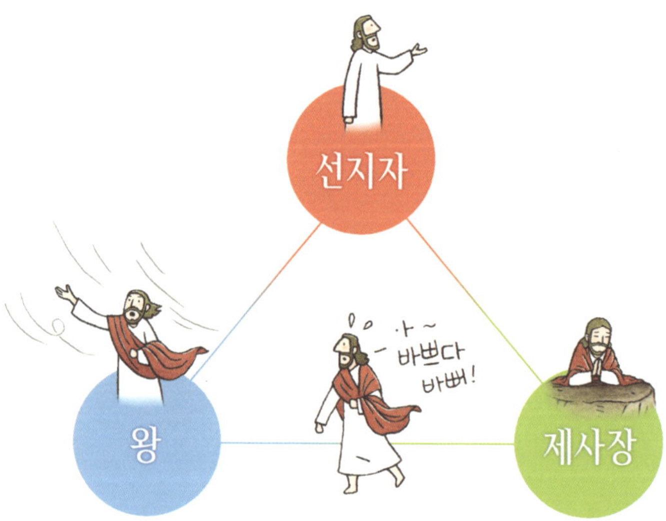

말씀 살피기

★ **성경말씀**을 깊이 묵상하고 아래 질문에 답을 해봅시다.

* 괄호 안을 채워봅시다.

1. 예수님은 ( )이 육신이 되어 오신 하나님이시고, 눈으로 보고 체험할 수 있게 하기 위해 오신 ( )이시다.

요한복음 1:1 | 태초에 말씀이 계시니라 이 말씀이 하나님과 함께 계셨으니 이 말씀은 곧 하나님이시니라

요한복음 14:9~10 | 예수께서 이르시되 빌립아 내가 이렇게 오래 너희와 함께 있으되 네가 나를 알지 못하느냐 나를 본 자는 아버지를 보았거늘 어찌하여 아버지를 보이라 하느냐 내가 아버지 안에 거하고 아버지는 내 안에 계신 것을 네가 믿지 아니하느냐 내가 너희에게 이르는 말은 스스로 하는 것이 아니라 아버지께서 내 안에 계셔서 그의 일을 하시는 것이라

2. 예수님은 ( )과 ( )도 다스리시며, 죽음을 이기시고 ( ) 하셨습니다.

누가복음 8:24 | 제자들이 나아와 깨워 이르되 주여 주여 우리가 죽겠나이다 한대 예수께서 잠을 깨사 바람과 물결을 꾸짖으시니 이에 그쳐 잔잔하여지더라

누가복음 8:29 | 이는 예수께서 이미 더러운 귀신을 명하사 그 사람에게서 나오라 하셨음이라 (귀신이 가끔 그 사람을 붙잡으므로 그를 쇠사슬과 고랑에 매어 지켰으되 그 맨 것을 끊고 귀신에게 몰려 광야로 나갔더라)

요한복음 11:25~26 | 예수께서 이르시되 나는 부활이요 생명이니 나를 믿는 자는 죽어도 살겠고 무릇 살아서 나를 믿는 자는 영원히 죽지 아니하리니 이것을 네가 믿느냐

바이블 스토리텔링

본문 말씀 : 마가복음 10장 35-45절

확인하기

1. 아래의 그림을 이야기 순서대로 나열해 보고 어떤 장면인지 간략히 기록해 봅시다.

장면1 :

장면2 :

장면3 :

2. 요한이 예수님께 부탁한 것은 무엇이었나요?

3. 이에 대해 예수님은 뭐라고 말씀하셨나요?

나누고 실천하기

1. 나는 예수님을 얼마나 믿고 있는지 이야기를 나누어 봅시다. 그리고 아래의 내용 중 자신이 확실히 믿는 것에 동그라미를 쳐봅시다.

구약의 예언　　동정녀 탄생　　오병이어사건　　물위를 걸어오심

병든자 고치심　　죽은 나사로를 살려내심　　십자가사건

부활하심　　승천하심　　재림하심

2. 어떤 문제로 고민하던 중 말씀을 통해 하나님의 뜻을 깨달은 적이 있다면 이야기해 보아요.

3. 이번 주에 꼭 할 일

빌립보서 2장 5~11절 말씀 암송하기

*다짐의기도

Lesson10 | 구원

10. 구원받는 방법

[공과 목표]

1. 우리가 구원받으려면 누구를 믿어야하고 어떻게 해야 믿음의 길로 나아갈 수 있는지 알게 한다.
2. 부자와 거지 나사로의 이야기를 통해 천국과 지옥은 반드시 있다는 사실을 설명한다.

마음열기

석가도 있고, 마호메트도 있고,
요즘에는 혜민 스님도 괜찮아 보이는데,
꼭 예수님을 믿어야 하나요?

말씀 살피기

★ **성경말씀**을 읽고 괄호를 채운 후, 물음에 답을 해봅시다.

1. 우리가 구원받으려면 누구를 영접해야 합니까?

로마서 10:9~10 | 네가 만일 네 입으로 (　　　　)를 주로 시인하며 또 하나님께서 그를 죽은 자 가운데서 살리신 것을 네 마음에 믿으면 (　　　　)을 받으리라 사람이 마음으로 믿어 의에 이르고 입으로 시인하여 (　　　　)에 이르느니라

요한일서 5:11~12 | 또 증거는 이것이니 하나님이 우리에게 영생을 주신 것과 이 생명이 그의 아들 안에 있는 그것이니라 아들이 있는 자에게는 생명이 있고 하나님의 아들이 없는 자에게는 생명이 없느니라

2. 우리가 구원받으려면 무엇을 해야 합니까?

사도행전 2:38 | 베드로가 이르되 너희가 회개하여 각각 예수 그리스도의 이름으로 세례를 받고 죄 사함을 받으라 그리하면 성령의 선물을 받으리니

사도행전 26:20 | 먼저 다메섹과 예루살렘에 있는 사람과 유대 온 땅과 이방인에게까지 회개하고 하나님께로 돌아와서 회개에 합당한 일을 하라 전하므로

3. 회개만 하면 되는 건가요? 또 필요한 것은 무엇인가요?

히브리서 10:25 | 모이기를 폐하는 어떤 사람들의 습관과 같이 하지 말고 오직 권하여 그날이 가까움을 볼수록 더욱 그리하자

히브리서 4:12 | 하나님의 말씀은 살아 있고 활력이 있어 좌우에 날선 어떤 검보다도 예리하여 혼과 영과 및 관절과 골수를 찔러 쪼개기까지 하며 또 마음의 생각과 뜻을 판단하나니

마태복음 7:7~8 | 구하라 그리하면 너희에게 주실 것이요 찾으라 그리하면 찾아낼 것이요 문을 두드리라 그리하면 너희에게 열릴 것이니 구하는 이마다 받을 것이요 찾는 이는 찾아낼 것이요 두드리는 이에게는 열릴 것이니라

바이블 스토리텔링

본문 말씀 : 누가복음 16장 19-31절

확인하기

1. 아래의 그림을 이야기 순서대로 나열해 보세요.

2. 부자는 왜 지옥에 가게 되었나요?

3. 나사로는 어떻게 아브라함의 품에 안길 수 있었나요?

나누고 실천하기

1. 나는 구원에 대한 확신이 있는가? 천국으로 갈 자신이 있는가? 이야기해 봅시다.

2. 어떤 잘못을 저지른 뒤 회개했는데 얼마 지나지 않아 또 같은 잘못을 저지른 적이 있다면 이야기해 보고, 참된 회개의 의미를 되새겨 보아요.

3. 이번 주에 꼭 할 일

   내가 상상하는 천국과 지옥을 그려보고 다음주에 발표하기

*다짐의기도

Lesson11 | 거듭남

11. 예수 믿게된 것은 대박이다

[공과 목표]

1. 하나님은 우리를 창조하셨고 우리가 살아가는 분명한 목적을 주셨음을 알게 한다.
2. 예수님께서 베드로를 비롯한 제자를 부르셨듯이 예수님의 거룩한 백성이 되게 하시려고 우리를 지금도 부르고 계심을 알게 한다.

마음열기

내가 살아오면서 가장 행운이었던 때가 있었는지 이야기 해봅시다. 가장 큰 대박은 예수 믿는 것입니다.
이제 예수님을 믿는 자로 어떻게 행동하시겠습니까?

말씀 살피기

주제 말씀 |
그들이 사도의 가르침을 받아 서로 교제하고 떡을 떼며 오로지 기도하기를 힘쓰니라 사람마다 두려워하는데 사도들로 말미암아 기사와 표적이 많이 나타나니 믿는 사람이 다 함께 있어 모든 물건을 서로 통용하고 또 재산과 소유를 팔아 각 사람의 필요를 따라 나눠 주며 날마다 마음을 같이하여 성전에 모이기를 힘쓰고 집에서 떡을 떼며 기쁨과 순전한 마음으로 음식을 먹고 하나님을 찬미하며 또 온 백성에게 칭송을 받으니 주께서 구원 받는 사람을 날마다 더하게 하시니라(사도행전 2:42~47)

★ **주제말씀**을 깊이 묵상하고 아래 질문에 답을 해봅시다.
또한 괄호 안의 단어를 성경에서 찾아 기록해 봅시다.

1. 예수님을 믿고 영접한 자들에게는 어떤 변화가 일어날까요?

요한복음 1:12~13 | (   )하는 자 곧 그 이름을 믿는 자들에게는 하나님(   )가 되는 권세를 주셨으니 이는 혈통으로나 육정으로나 사람의 뜻으로 나지 아니하고 오직 (   )께로부터 난 자들이니라

고린도후서 5:17 | 그런즉 누구든지 (그리스도 안에) 있으면 새로운 (피조물)이라 이전 것은 지나갔으니 보라 새 것이 되었도다

2. 초대교회 성도들은 예수님을 믿고 어떻게 신앙생활을 하였습니까?
오늘의 주제말씀을 읽고 괄호를 채우세요.

사도의 (   )을 받고 서로 (   )하고

오로지 (   )하기에힘썼다.

또한 (   )에 모이기를 힘쓰고 (   )을 찬미하였다.

바이블 스토리텔링

본문 말씀 : 누가복음 19장 19-31절

확인하기

1. 아래의 그림을 이야기 순서대로 나열해 보고 어떤 장면인지 간략히 기록해 봅시다.

장면1 :

장면2 :

장면3 :

2. 백부장은 예수님의 무엇을 믿었습니까?(마태복음 8:8)

3. 예수님은 백부장을 어떻게 칭찬하셨습니까?(마태복음 8:10)

나누고 실천하기

1. 나는 어느 정도의 믿음을 가지고 있다고 생각합니까? 서로 이야기를 나눠봅시다.

2. 나는 굳건한 믿음을 뿌리내리기 위해 어떤 노력을 기울이고 있는지 서로 이야기 해봅시다.

3. 이번 주에 꼭 할 일

   히브리서 11장에 나오는 믿음의 성경인물을 나누어 조사해보고 발표하기

*다짐의기도

Lesson12 | 신앙생활

12. 교회에서 신앙생활하는 방법

[공과 목표]

1. 예수님을 믿으며 어떻게 신앙생활을 해야 하는지 알게 한다. 특별히 교회에서 신앙생활하는 법에 대해 잘 이해하도록 설명한다.
2. 교회에서 바나바같은 성품을 가지고 신앙생활해야 함을 설명해준다. 또한 위로와 사랑과 격려로 함께 신앙생활을 하는 자가 믿는 자라는 사실을 알게 한다.

마음열기

세상 사람들이 교회에 대해 이런저런 이야기를 하는데, 여러분의 생각은 어떻습니까?

말씀 살피기

주제 말씀 |
또 만물을 그의 발 아래에 복종하게 하시고 그를 만물 위에 교회의 머리로 삼으셨느니라 교회는 그의 몸이니 만물 안에서 만물을 충만하게 하시는 이의 충만함이니라(에베소서 1:22~23)

★ **주제말씀**을 깊이 묵상하고 아래 질문에 답을 해봅시다.
또한 괄호 안의 단어를 성경에서 찾아 기록해 봅시다.

1. 교회와 예수님과 우리는 어떤 관계가 있습니까?

교회는 (　　　　　)의 몸입니다. 우리는 그 몸의 (　　　　　)입니다.

에베소서 1:23 | 교회는 그의 몸이니 만물 안에서 만물을 충만하게 하시는 이의 충만함이니라

에베소서 5:29~30 | 누구든지 언제나 자기 육체를 미워하지 않고 오직 양육하여 보호하기를 그리스도께서 교회에게 함과 같이 하나니 우리는 그 몸의 지체임이라

2. 내 믿음이 성장하려면 어떻게 신앙생활을 해야 할까요?

사도행전 2:42~47 | 그들이 사도의 가르침을 받아 서로 교제하고 떡을 떼며 오로지 기도하기를 힘쓰니라 사람마다 두려워하는데 사도들로 말미암아 기사와 표적이 많이 나타나니 믿는 사람이 다 함께 있어 모든 물건을 서로 통용하고 또 재산과 소유를 팔아 각 사람의 필요를 따라 나눠 주며 날마다 마음을 같이하여 성전에 모이기를 힘쓰고 집에서 떡을 떼며 기쁨과 순전한 마음으로 음식을 먹고 하나님을 찬미하며 또 온 백성에게 칭송을 받으니 주께서 구원 받는 사람을 날마다 더하게 하시니라

첫째, 말씀을 읽고 듣고 배우는 일

둘째, 믿음의 식구들간에 아름답게 (　　　　　)하는 일

셋째, 늘 일상에서 (　　　　　)하는 일

넷째, 하나님 (　　　　　)과 이웃 (　　　　　)을 실천하며 (　　　　　)하는 일

다섯째, 열심히 (　　　　　)하는 일

바이블 스토리텔링

본문 말씀 : 사도행전 4장 32-37절

확인하기

1. 아래의 그림을 이야기 순서대로 나열해 보고 어떤 장면인지 간략히 기록해 봅시다.

장면1 :

장면2 :

장면3 :

2. '바나바'라는 이름의 뜻은 무엇입니까?(사도행전 4:36)

3. 바나바는 자신의 재물을 누구에게 맡겼습니까?(사도행전 4:37)

나누고 실천하기

1. 교회생활이 즐겁습니까? 혹시 교회에 나오기 싫었던 적이 있었나요? 이야기를 나눠봅시다.

2. 유일한 구원의 길이신 예수님에 대한 믿음을 글로 고백해 보아요.

3. 이번 주에 꼭 할 일

   친구 2명에게 유일한 구원자이신 예수님에 대해 이야기하기

*다짐의기도

전도는 즐거운 일이다

친구야, 우리 예수님을 소개할게!

맛있는 음식을 먹으면 '나중에 친구랑 같이 와야겠다.' 친구들에게 알리고 싶은 마음이 있습니다. 좋은 곳에 휴가를 떠나면 '이 다음에 친구들과 함께 와야겠다.' 라고 생각하게 됩니다.

큰 고난이 다가왔을 때 나를 위로해주시고 힘이 되어 주셨던 예수님. 나의 인생이 무거운 짐이 아닌 축복이라는 것을 깨닫게 해 주신 예수님. 우리는 예수님을 믿고 있지만 우리의 주위에는 아직 예수님을 모르는 친구들이 있습니다. 세상 그 어떤 것보다 귀하신 예수님! 세상 그 어떤 것보다 먼저 친구들에게 알려주어야 하지 않을까요?

전도의 방식에는 여러가지가 있습니다. 친구들에게 가장 적합한 전도 방식을 찾는 것이 가장 중요한 일일 것이고, 또한 친구의 기억속에 오래도록 남을 수 있는 전도방법이라면 더욱 좋겠습니다.

그러면 지금부터 어떤 전도방법이 있는지 알아볼까요?

전도할 때는 어떤 말을 해야할까? '예수천국! 불신지옥!'

반발심을 일으키거나 친구의 마음에 부담을 주는 전도는 예수님에 대해 부정적인 생각을 주는 방법 같은데요, 그렇다면 전도할 때는 어떤 말을 해주어야 할까요? 먼저 전도하기 전에 하나님께 전도의 지혜를 구하고, 전도할 친구의 마음을 열어달라고 기도하세요. 그리고 평소에 친구와 깊이 있는 대화를 나누며 고민이 있거나 힘들어하는 친구에게 "너를 위해 기도해줄게"라는 말을 해주세요(그리고 실제로 친구를 위해 기도해야겠지요!).

여러분의 경험을 통해 내가 만난 예수님은 어떤 분이신지 친구에게 또 다른 친구를 소개하듯 말해주는 것도 좋습니다.
하나님이 하나님의 형상대로 나를 지으신 사실을 잘 알고 있을 것이라고 생각합니다.? 친구에게도 그 사실을 알려주세요. 그리고 '너는 이 세상에 태어나기 전에 하나님께서 계획하셨고, 지금까지 살아온 너의 인생을 누구보다 잘 알고 계셔.'라고. 말해주세요.
'지금은 네가 하나님을 모르고 교회에 다니지 않지만 그래도 하나님은 너를 사랑하신다.'라고 말해주세요.

전도를 기억할 수 있게 하는 방법! (의미 있는 선물)

① 악세서리에 관심이 많은 친구에게는 십자가 목걸이나, 십자가 핸드폰 줄을 선물한다.

② 책을 좋아하는 친구에게는 십자가 모양의 책갈피나 성경구절이 들어가 있는 책갈피를 선물한다.

③ 음악을 좋아하는 친구에게는 하나님의 마음을 담은 아름다운 선율의 CCM 시디나 음원 파일을 선물한다.

④ 오래 두고 꺼내 볼 수 있는 편지나 엽서를 쓴다.
(예수님의 모습이나 성경적 메시지가 담긴 것이 좋다.)

⑤ 수험생 친구들에게 가장 값비싸면서도 저렴한 시간을 선물한다. 시간을 내어 QT를 하면서 하나님의 말씀을 통해 마음의 평안과 용기를 선물한다면 가장 값진 선물이 되지 않을까요? 하나님께서 친구에게 귀중한 시간을 할애한 여러분의 인생을 축복하시리라 믿습니다.

※ 혹시나 친구가 그 선물을 하나님보다 더 사랑하지 않도록 그 선물을 통해 예수님을 만날 수 있기를 바란다고 말해주세요.

정신일 목사

정신일 목사는 오랫동안 청소년과 청년 사역을 통해 젊은이들과 호흡해 온 목회자이다. 하나님이 주신 아름다운 감성으로 대학시절 집필한 <메시아전쟁> 이라는 단편이 일간스포츠에서 주관한 대중문학상에 입상한 바가 있고, 대학 졸업 후에는 영화 전문잡지 취재기자로, 기독교계통 신문의 칼럼리스트로 활동하기도 했다. 또한 대한예수교 장로회(대신) 여름성경학교 집필위원으로 3년간 교재를 집필하기도 했다.

현재는 크리스천리더출판사와 크리스천리더학교의 대표이며 기쁨의 교회 (joy1.co.kr)를 개척하여 즐겁게 목회하는 개척교회 목사이기도 하다.

안양대학교 기독교 교육학을 전공하였고, 동 대학원에서 목회학(M.Div.) 성경학(Th.M)을 전공했다.

주요저서: 「수험생 100일 큐티」, 「수능큐티」, 「복음큐티」, 「나를 위한 값진 십자가」, 「파워포인트와 그림 시청각설교 시리즈」 등 총 20여종의 저서가 있다.

교재에 사용된 스토리텔링 성경이야기는 [파워포인트와 그림시청각설교 1~7], [파워포인트 리더설교 1~6], [쉬운 파워포인트 1~4]에서 발췌한 내용입니다.